D1451054

Pebble®
Bilingüe/ Plus
Bilingual

Nieve
Snow

Lo básico sobre el tiempo
Weather Basics

por/by Erin Edison

Editora consultora/Consulting Editor:

Gail Saunders-Smith, PhD

CAPSTONE PRESS
a capstone imprint

Pebble Plus is published by Capstone Press,
1710 Roe Crest Drive, North Mankato, Minnesota 56003
www.capstonepub.com

Library of Congress Cataloging-in-Publication Data
Edison, Erin.
  [Snow. Spanish & English]
  Nieve = Snow / por Erin Edison ; Gail Saunders-Smith, editora consultora.
      p. cm.—(Pebble plus bilingüe. Lo básico sobre el tiempo = Pebble plus bilingual. Weather basics)
  Includes index.
  ISBN 978-1-62065-164-3 (library binding)
  ISBN 978-1-4765-1769-8 (ebook PDF)
  1. Snow—Juvenile literature. I. Saunders-Smith, Gail. II. Title. III. Title: Snow.
  QC926.37.E3518 2013
  551.57'84—dc23   2012017696

Summary: Simple text and full-color photographs describe snow and how it affects people—in both English and Spanish

Editorial Credits
Erika L. Shores, editor; Strictly Spanish, translation services; Kyle Grenz, designer; Eric Manske, bilingual book
designer; Laura Manthe, production specialist

Photo Credits
Alamy: Alaska Stock LLC, 17, Paul Gordon, 11; Getty Images Inc.: LOOK/Konrad Wothe, 7; PhotoEdit Inc.: Barbara
Stitzer, 13; Shutterstock: Adam Gryko, back cover, Christian Lagerek, 1, Losevsky Pavel, 5, Morgan Lane Photography,
15, Steve Collender, 9, Veronika Vasilyuk, cover, Yuriy Kulyk, 21; Super Stock Inc.: Prisma, 19

Artistic Effects
Shutterstock: marcus55

**Capstone Press thanks Mike Shores, earth science teacher at RBA Public Charter School in Mankato,
Minnesota, for his assistance on this book.**

Note to Parents and Teachers

The Lo básico sobre el tiempo/Weather Basics series supports national science standards related
to earth science. This book describes and illustrates snow. The images support early readers
in understanding the text. The repetition of words and phrases helps early readers learn new
words. This book also introduces early readers to subject-specific vocabulary words, which are
defined in the Glossary section. Early readers may need assistance to read some words and to
use the Table of Contents, Glossary, Internet Sites, and Index sections of the book.

Printed in China.
092012   006934LEOS13

Table of Contents

What Is Snow? 4
Types of Snow 12
Snow Dangers 16
Melting 20
Glossary 22
Internet Sites 22
Index 24

Tabla de contenidos

¿Qué es la nieve? . . 4
Tipos de nieve 12
Peligros de la nieve . 16
Derretimiento 20
Glosario 23
Sitios de Internet 23
Índice 24

What Is Snow?

Snow is frozen bits of water
falling from clouds.

It is cold and soft.

It piles up on the ground.

¿Qué es la nieve?

La nieve es pedacitos de agua
congelada que caen de las nubes.

Es fría y suave.

Se apila en el suelo.

When the air is cold, water vapor
forms ice crystals in clouds.
Ice crystals gather together
to form snowflakes. This process
is a form of condensation.

Cuando el aire es frío, el vapor de agua
forma cristales de hielo en las nubes.
Los cristales de hielo se juntan para formar
copos de nieve. Este proceso es una forma
de condensación.

When snowflakes fall from clouds, it's called precipitation. Most snowflakes have six sides. But every snowflake is different.

Cuando los copos de nieve caen de las nubes, se llama precipitación. La mayoría de los copos de nieve tiene seis lados. Pero cada copo de nieve es diferente.

9

The air temperature must be
near freezing for snowflakes
to reach the ground.
Temperatures above freezing
turn snowflakes to rain.

La temperatura del aire debe estar
cerca del congelamiento para que los
copos de nieve lleguen al suelo.
Las temperaturas por encima del
congelamiento convierten a los copos
de nieve en lluvia.

Types of Snow

Some snow is soft and dry.

It feels like powder.

People sled or ski on it.

Tipos de nieve

Alguna nieve es suave y seca.

Se siente como polvo.

La gente se desliza en trineo o esquía
sobre ella.

Some snow is wet.

Wet snow sticks together.

People make snowmen

and snowballs out of it.

Alguna nieve es mojada.

La nieve mojada se pega.

La gente hace muñecos de nieve y

bolas de nieve con ella.

Snow Dangers

Blizzards are windy snowstorms.
People cannot see through
blizzards. Snow falls quickly
and blows into drifts.

Peligros de la nieve

Las ventiscas de nieve son tormentas
ventosas de nieve.
La gente no puede ver en una
ventisca de nieve. La nieve cae
rápidamente y se forman ventisqueros.

Avalanches happen when
huge piles of snow
slide down a mountain.
Avalanches bury everything in their paths.

Las avalanchas ocurren cuando
grandes pilas de nieve se deslizan
montaña abajo.
Las avalanchas entierran todo en su camino.

Melting

When the weather is warm, snow melts.

It soaks into the ground.

It runs off into streams.

Snow becomes water.

Derretimiento

Cuando el tiempo es cálido, la nieve se derrite.

Se absorbe en el suelo.

Llega a los arroyos.

La nieve se convierte en agua.

Glossary

avalanche—a large mass of ice, snow, or earth that suddenly moves down the side of a mountain

blizzard—a heavy snowstorm with strong wind; a blizzard can last several days

condensation—the act of turning from a gas into a liquid

crystal—a solid made of small parts that form a pattern; snowflakes and frost are ice crystals

drift—a pile of snow caused by the wind

precipitation—water that falls from clouds to the Earth's surface; precipitation can be rain, hail, sleet, or snow

water vapor—water in the form of a gas; water vapor is made of tiny bits of water that cannot be seen

Internet Sites

FactHound offers a safe, fun way to find Internet sites related to this book. All of the sites on FactHound have been researched by our staff.

Here's all you do:

Visit *www.facthound.com*

Type in this code: 9781620651643

Super-cool stuff! Check out projects, games and lots more at www.capstonekids.com

Glosario

la avalancha—una gran masa de hielo, nieve o tierra que se mueve repentinamente montaña abajo

la condensación—cuando un gas se convierte en líquido

el cristal—un sólido formado de pequeñas partes que tienen un patrón; los copos de nieve y la escarcha son cristales de hielo

la precipitación—agua que cae desde las nubes a la superficie de la Tierra; la precipitación puede ser lluvia, granizo, aguanieve o nieve

el vapor de agua—agua en forma de gas; el vapor de agua está compuesto de pequeñas partes de agua que no pueden verse

la ventisca de nieve—una tormenta de nieve grande con vientos fuertes; una ventisca puede durar varios días

el ventisquero—una pila de nieve causada por el viento

Sitios de Internet

FactHound brinda una forma segura y divertida de encontrar sitios de Internet relacionados con este libro. Todos los sitios en FactHound han sido investigados por nuestro personal.

Esto es todo lo que tienes que hacer:

Visita *www.facthound.com*

Ingresa este código: 9781620651643

Index

avalanches, 18

blizzards, 16

clouds, 4, 6, 8

condensation, 6

drifts, 16

ice crystals, 6

melting, 20

precipitation, 8, 10

rain, 10

skiing, 12

sledding, 12

snowballs, 14

snowflakes, 6, 8, 10

snowmen, 14

temperature, 10

water vapor, 6

Índice

avalanchas, 18

bolas de nieve, 14

condensación, 6

copos de nieve, 6, 8, 10

cristales de hielo, 6

derretimiento, 20

deslizarse en trineo, 12

esquiar, 12

lluvia, 10

muñeco de nieve, 14

nubes, 4, 6, 8

precipitación, 8, 10

temperatura, 10

vapor de agua, 6

ventiscas de nieve, 16

ventisqueros, 16